TABLEAUX ANCIENS

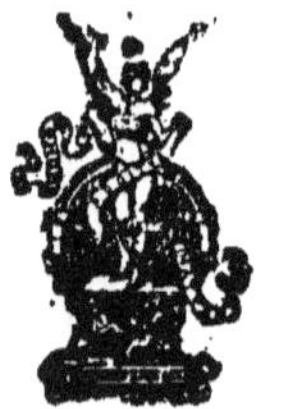

CATALOGUE

DES

TABLEAUX ANCIENS

PAR

F. BOUCHER, GRIMOU, ROSLIN, VIDAL

Dont la Vente aux enchères publiques aura lieu

EN VERTU DE JUGEMENT

Du Tribunal Civil de la Seine

HOTEL DROUOT, SALLE N° 10

LE JEUDI 12 MAI 1910

A QUATRE HEURES

COMMISSAIRE-PRISEUR

Mᵉ F. LAIR-DUBREUIL

6, rue Favart

EXPERT

M. JULES FÉRAL

7, rue Saint-Georges

EXPOSITIONS

PARTICULIÈRE : *Le Mercredi 11 Mai 1910, de 2 h. à 6 heures*
PUBLIQUE : *Le Jeudi 12 Mai 1910 (Jour de la Vente), de 2 h. à 4 h.*

CONDITIONS DE LA VENTE

Elle sera faite au comptant.

Les adjudicataires paieront *dix pour cent* en sus des enchères.

Paris. — Imp. de l'Art, Ch. Berger, 41, rue de la Victoire

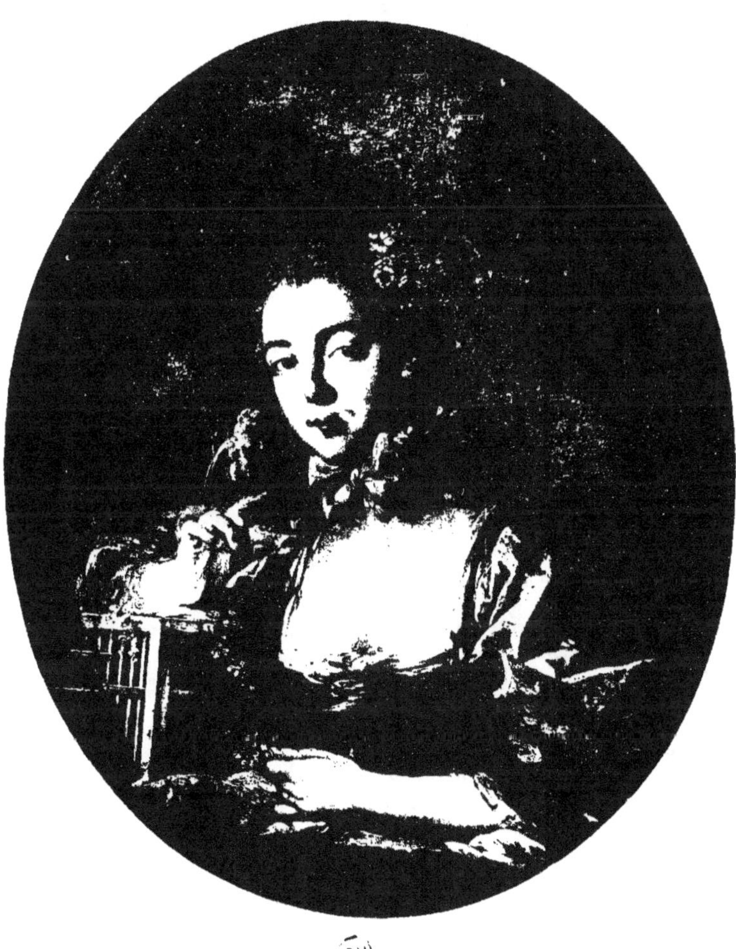

1

DÉSIGNATION

TABLEAUX ANCIENS

BOUCHER
(FRANÇOIS)
Paris, 1703-1770

1 — *Portrait de Mme Baudoin, fille de Boucher.*

Elle est représentée dans un parc, assise, vue à mi-corps, le bras gauche accoudé sur un mur d'appui, l'autre bras posé sur une cage et tenant un serin perché sur l'index de la main droite. Des fleurs des champs ornent ses cheveux bouclés relevés sur le front et légèrement poudrés. Un ruban rose autour du cou noué sous le menton, elle porte un corsage décolleté. lacé sur la poitrine et à larges manches de satin jaune ; une écharpe verte drapée autour de sa taille est retenue sur ses bras.

Toile de forme ovale.

Haut., 75 cent.; larg., 65 cent.

Cadre en bois sculpté.

GRIMOU

(JEAN-ALEXIS)

Roncourt (Suisse), 1768-1740

2 — Portrait de Jeune Femme.

A mi-corps, manteau vert drapé sur son corsage rose, une collerette plissée autour du cou, une toque ornée de pierreries posée sur ses cheveux blonds.

Toile. Haut., 81 cent.; larg., 64 cent.

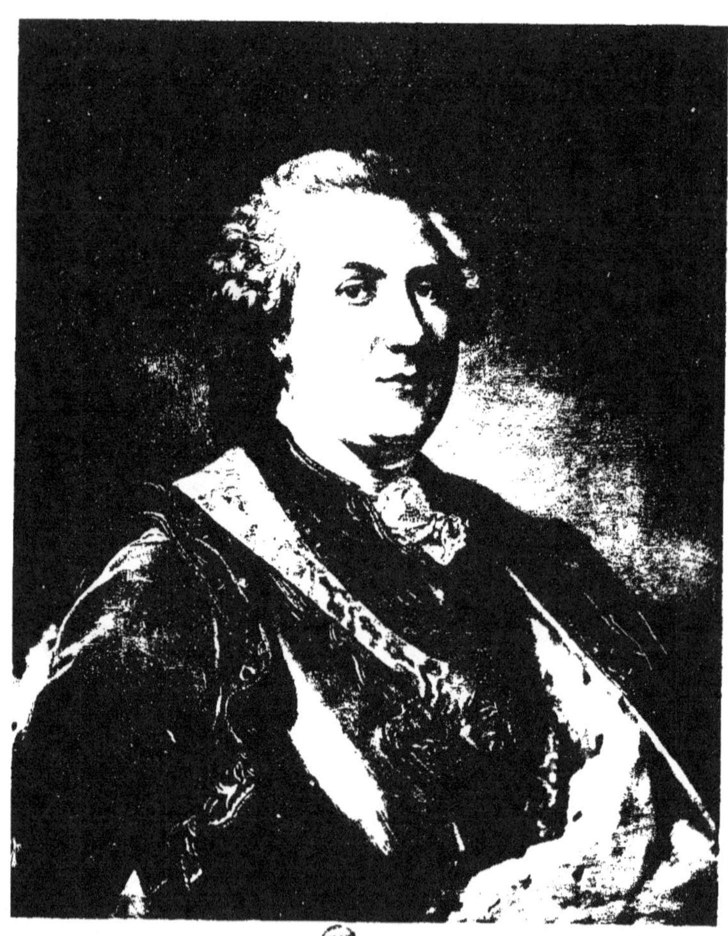

3

ROSLIN

(ALEXANDRE)

Malmoë (Suède), 1718-1793

3 — *Portrait du Dauphin, fils de Louis XV.*

A mi-corps, tourné de trois quarts vers la droite, perruque poudrée à large nœud de ruban noir pendant sur la nuque, cravate de dentelle, une cuirasse sur un plastron rouge brodé d'or couvrant son habit de velours rose, le manteau bleu fleurdelisé et doublé d'hermine drapé sur son épaule, il porte le grand cordon bleu et l'ordre de la Toison d'or.

Toile. Haut., 73 cent.; larg., 59 cent.

Cadre en bois sculpté.

On lit au dos sur la toile originale : *Portrait de Mr le Dauphin, peint en 1761, donné par lui à la Maison Royale de Saint-Louis établie à Saint-Cyr.*

ROSLIN

(ALEXANDRE)

1 — *Portrait de Marie-Joséphe de Saxe, Dauphine.*

Assise dans un fauteuil, dont le dossier de bois sculpté est orné de dauphins, elle est tournée de trois quarts vers la gauche, vue à mi corps, en robe rouge à bandes de fourrure, manchettes et fichu de dentelle; un petit bonnet avec coque de ruban rose est posé sur ses cheveux relevés et poudrés.

Toile. Haut., 73 cent.; larg., 59 cent.

Cadre en bois sculpté.

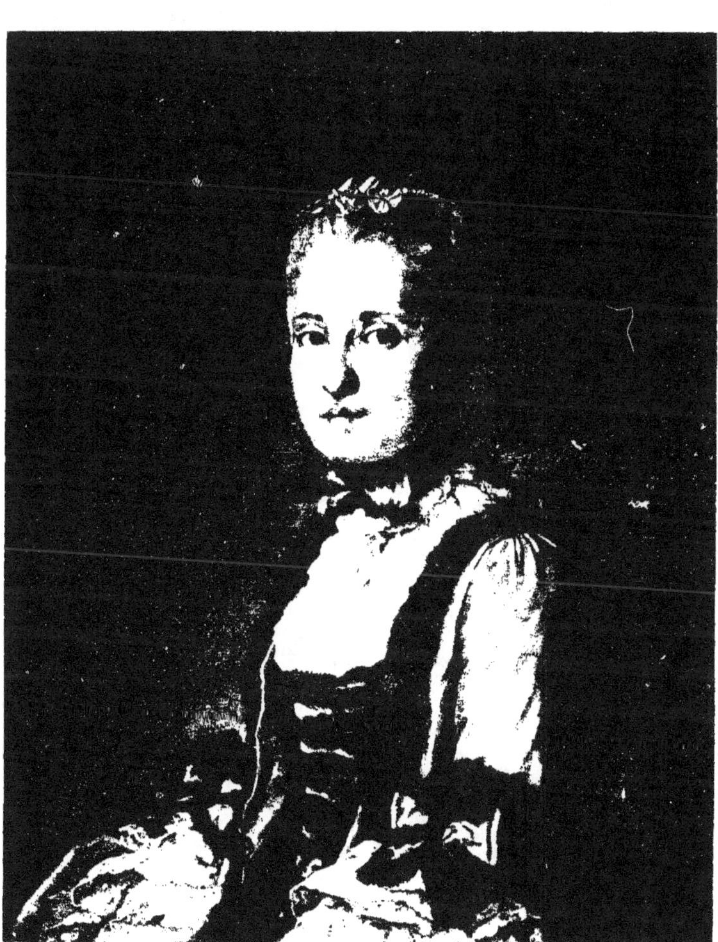

VIDAL

(L.)

Commencement du XIXᵉ siècle

80

5 — *Fleurs et fruits.*

Signé à droite.

Toile. Haut., 46 cent.; larg., 38 cent.

ÉCOLE FRANÇAISE

(XVIIIᵉ siècle)

6 — *Jeune Homme couvert d'un manteau.*

Bois. Haut., 20 cent.; larg., 15 cent.

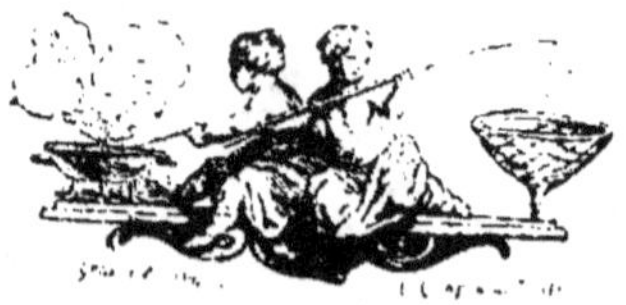